CARISMA

Come diventare un comunicatore magnetico, far esplodere la tua leadership e conquistare i tipi più difficili anche se sei il più introverso di tutti

Di

Edoardo Beltrame

Indice:

INTRODUZIONE

Se ti chiedessi "Qual è la più grande abilità che una persona deve possedere per avere successo?" cosa mi risponderesti?

Qual è quell'ingrediente fondamentale che distingue le persone di successo da coloro che nonostante i loro sforzi non ottengono un gran che dalla vita.

Mi riferisco al successo in ogni ambito della nostra vita, sia nel lavoro che negli affari, sia nei rapporti personali che nelle relazioni...

Secondo te coloro che hanno avuto successo lo hanno ottenuto grazie alla loro educazione o istruzione?

Lo hanno ottenuto attraverso agli strumenti che possiedono, al tipo di lavoro o magari al numero dei contatti, al contesto o magari semplicemente sono stati fortunati?

Pensaci, molte persone hanno gli stessi elementi comuni ma alcuni ottengono successo e altri invece no.

Quindi, come puoi immaginare, il frutto del successo non deriva da nessuno degli elementi che ho appena elencato...

Perché la verità è che esiste una singola abilità che sta alla base di tutto. La potremmo definire la "radice del successo"...

Ed è rappresentata dalla capacità di aumentare la nostra influenza e il nostro impatto sugli altri...

In una parola?

Il **CARISMA.**

COS'E' IL CARISMA?

Sono già molti anni che la scienza ha spiegato in modo molto chiaro come funziona tutto questo.

Molti anni fa si credeva che l'argomento essenziale per avere successo fosse quello di avere un alto quoziente intellettivo (QI) ma nel tempo ci si è accorti che avere un alto livello di questo indicatore non aveva alcuna relazione con il successo delle persone.

Sono sicuro che anche a te è capitato di osservare questa realtà...

Pensa a quando andavi a scuola...

Ci stai pensando?

Ecco, pensa a chi erano i migliori della classe, i più intelligenti.

Ora ti domando: Oggi queste persone stanno vivendo una vita di successo?

Beh, molto probabilmente non è così.

Al contrario, sicuramente conoscerai persone di successo che a scuola non erano certamente dei geni.

Quindi ora piuttosto che parlare di quoziente intellettivo bisognerebbe iniziare a parlare di **QUOZIENTE CARISMA.**

Il carisma in realtà è un gruppo di 4 abilità che tutti noi possiamo imparare, sviluppare e padroneggiare. Queste sono:

- Capacità di relazione
- Abilità sociali
- Capacità di comunicazione
- Aumentare influenza e persuasione

Investire oggi per migliorare il nostro carisma è una delle scelte più importanti che possiamo fare per avere successo.

E' indispensabile nel mondo del business e degli affari, nelle negoziazioni, sia al lavoro che nella vita privata, nella leadership, nelle relazioni personali e sentimentali, ci aiuta a comunicare con più impatto ed è la chiave per innalzare la nostra influenza.

Perché ci sono delle persone che lasciano il segno anche se non aprono bocca e altre invece passano del tutto inosservate?

Ti sarà sicuramente capitato di incontrare qualcuno che ha catturato la tua attenzione anche se non l'hai neanche sentito parlare.

E magari ti sei chiesto "Chissà chi è quello!"

Che cos'è che rende queste persone indimenticabili?

Come mai appaiono **diverse** dalle altre?

E tu, ti sei mai chiesto cosa pensa di te la gente quando ti vede? Passi del tutto inosservato o lasci il segno?

Pensa a quando è stata l'ultima volta che hai parlato con qualcuno... Cos'hai trasmesso?

Hai tramesso fiducia?

Hai tramesso sicurezza in te stesso?

Oppure il contrario...

O, peggio ancora, non ne hai la più pallida idea perché non hai mai portato attenzione a tutto questo.

Vuoi alzare l'asticella del tuo Quoziente carisma?

Ma cos'è esattamente il carisma?

Il carisma è quella capacità di ispirare entusiasmo nelle persone e ispirare interesse attraverso la propria influenza.

Le persone carisma hanno tre caratteristiche comuni: sono più influenti, più persuasive e ispirano fiducia.

Le persone sono magneticamente attratte da loro e sono disposte a seguirli nei loro progetti, nelle loro idee e ad acquistare i loro prodotti o servizi.

Il carisma porta le persone ad apprezzarti, a fidarsi di te e a riconoscerti come leader.

Grazie al mio lavoro vengo in contatto quotidianamente con tantissime persone diverse, e posso dire con grande certezza, che oggi tutti, dalla casalinga all'imprenditore, dall'operaio al dirigente, tutti desiderano essere più carisma ed avere un'influenza positiva sugli altri.

La domanda interessante è: "Si può imparare il carisma?"

E questa è la buona notizia! Oggi fortunatamente la psicologia dispone di tutte le chiavi per spiegare ed insegnare il carisma. Il carisma è un'abilità sociale e, in quanto tale, può essere appresa.

Non ha nulla a che fare con la nostra personalità, con lo stile, con il titolo professionale né tantomeno con la bellezza o status economico. O sul fatto che tu sia estroverso o timido.

Non è una dote magica o innata.

Ti è mai capitato di sentirti completamente a tuo agio e padroni di una situazione? O di vivere un momento in cui tutti parevano rapiti da te, anche solo per un istante?

In quel momento hai messo in atto, forse in modo del tutto inconsapevole, una serie di comportamenti che ti hanno portato ad innalzare il tuo carisma.

Sfortunatamente però, quando capitano questi episodi, pensiamo solo che siano degli occasionali momenti di fortuna di cui non sappiamo neanche dare una spiegazione. Raramente leghiamo quegli episodi ad una nostra manifestazione di carisma.

E questo è un gran peccato perché proprio in quel momento eri sulla strada giusta per riconoscere dei comportamenti verbali, non verbali e di attitudine che ti avevano messo sulla strada giusta del carisma.

Ecco perchè finiamo per credere a tutta una serie di falsi miti sul carisma.

Alcuni pensano che il carisma sia un dono innato. Altri che, o ci nasci, oppure non puoi farci niente. O che gli introversi non possono essere carisma. O che per essere carisma bisogna essere brillanti.

Il carisma invece è molto, molto lontano da questi stereotipi.

Questo argomento, circondato da un'aura di incredibile mistero, è finito sotto la lente d'ingrandimento della sociologia, della psicologia, delle scienze comportamentali ed è stato studiato in tutti i modi possibili.

Questi studi hanno preso in esame presidenti, capi militari, studenti, dirigenti e amministratori delegati.

E la conclusione di queste ricerche è che il carisma, altro non è che un insieme di comportamenti, un insieme di competenze relazionali, competenze emotive e di precisi comportamenti non verbali, cioè di linguaggio del corpo.

Se ci pensi, le implicazioni di questi studi sono incredibili. Ci dicono che chiunque di noi, conoscendo questi comportamenti, e mettendo in atto queste azioni in modo consapevole, può aumentare il proprio livello di carisma.

Questi studi ci dicono che nostro livello di carisma è fluttuante, e che la sua presenza o assenza dipende dalla nostra scelta di esibire o meno questi comportamenti.

Ci sono 3 chiavi fondamentali che devi conoscere. Immaginale come un cruscotto con tre leve che puoi muovere a tuo piacimento.

Queste tre chiavi sono: **il Potere, il Calore e la Presenza**.

Azionate insieme generano la più potente delle equazioni dell'impatto e dell'influenza: Il CARISMA. Ne rappresentano l'architettura strutturale e una volta apprese sarà facile per te portargli attenzione per migliorarle.

MITI SUL CARISMA

Una delle domande che mi viene fatta più spesso ai miei seminari sul carisma (spesso ancora prima che il seminario stesso inizi) è...

"Ma sei sicuro che anche io posso essere un leader?"

Ecco questa è la più grande insicurezza che pervade le persone perché nella nostra società si sono sviluppati una serie di miti che sono molto difficili da combattere ma che oggi tenterò di sfatare.

1. IL CARISMA LO SI ESERCITA H24

Un luogo comune molto diffuso sul carisma è che le persone carisma lo siano per tutta la durata della loro giornata.

Chiariamo subito una cosa...

Le persone carisma non esercitano questa abilità h24!

Pensa per esempio ad un attore famoso: un conto è vederlo mentre recita una parte in un film, un altro è vederlo nella sua vita privata.

Questo succede molto spesso su Facebook quando si vede un attore in atteggiamenti quotidiani e si rimane un po' straniti dal vederlo così "normale" tanto dall'essere tentati di pensare "Ma non è quel figo che immaginavo che fosse..."

Questo succede semplicemente per il fatto che in quel momento quell'attore non sta mettendo in atto degli atteggiamenti carisma.

Il nostro carisma è fluttuante, siamo noi che decidiamo se aumentarlo oppure diminuirlo.

2. UNA PERSONA CARISMATICA E' UNA PERSONA AFFASCINANTE

Lo ripeto ancora una volta... Non bisogna essere affascinanti per essere carisma! Il carisma non c'entra niente con il fascino!

Immagina Winston Churchill...

Un uomo tracagnotto, sempre avvolto dall'odore di fumo dei sigari, che beveva l'alito che puzzava di brandy tutto il giorno...

Non era certamente un'icona di bellezza ma non possiamo di certo dire che non fosse uno dei personaggi più carisma della storia!

Pensa a Madre Teresa di Calcutta o a Ghandi, con la bellezza c'entravano ben poco eppure sono state delle persone estremamente influenti e trascinanti!

Quindi, ripetiamolo, la bellezza NON C'ENTRA ASSOLUTAMENTE NIENTE con il carisma.

3. PER ESSERE CARISMATICI BISOGNA ESSERE BRILLANTI

FALSO!

Per essere carismatici bisogna essere l'esatto opposto...

Si, hai capito bene...

Per essere carismatici non bisogna essere brillanti perché non dovresti essere tu a dover fare colpo sugli altri ma sono gli altri che dovrebbero far colpo su di te.

E' in quel momento che la gente ti adorerà!

Perché l'essere esuberante, come ti spiegherò nei prossimi capitoli NON è un tratto carismatico, al contrario, un carattere tranquillo con cui le persone si sentono a proprio agio è il carattere più carismatico che esista!

Le persone si devono sentire accolte, ascoltate ed importanti e proprio perché farai in modo di farle sentire in questa maniera che loro ti attribuiranno carisma.

4. IL CARISMATICO DEVE ESSERE ESTROVERSO

No, il carismatico non deve essere estroverso.

Diciamo che c'è un difetto di fondo per il quale spesso l'introversione viene associata alla timidezza.

Beh, non è così.

L'introversione non c'entra assolutamente nulla con la timidezza.

Ora, perché dovresti chiederti se sei timido oppure introverso?

Devi porre massima attenzione a rispondere questa domanda perché la timidezza è una paura del giudizio sociale mentre l'introversione è tutta un'altra cosa.

Un'altra cosa molto interessante da considerare è che tra un terzo e la metà della popolazione mondiale è introversa.

Vuol dire che una persona ogni due o tre tra le vostre conoscenze è introversa.

Se sei a casa e vivi con altre due persone guardatevi ed esaminatevi perché sicuramente tra voi tre ci sarà sicuramente almeno un forte introverso!

L'essere introverso è semplicemente un tratto della personalità caratterizzato dall'attenzione al proprio mondo interiore piuttosto che agli stimoli esterni.

Gli estroversi invece hanno un disperato bisogno di stimoli esterni per sentirsi vivi.

Gli introversi al contrario si sentono più attivi e dinamici quando si trovano in contesti tranquilli ed informali e amano stare da soli.

Ti svelo un segreto...

Stare da soli è un elemento molto importante perché la creatività (altro elemento fondamentale) è maggiormente prolifica nel momento in cui ci si ritaglia dei momenti per stare da soli.

Proprio per questo è stato dimostrato che gli introversi sono molto più creativi rispetto agli estroversi che, al contrario, non sono in grado di stare da soli perché hanno sempre bisogno di stare in mezzo alla gente.

Il potere degli introversi sta proprio nel sentirsi a proprio agio quando stanno da soli senza avvertire la solitudine.

Ma la cosa che mi preme dire in questo discorso è che tutti noi non siamo né totalmente introversi né totalmente estroversi.

Sì, anche tu che stai leggendo questo libro e ti senti super estroverso sappi che non è così perché la scala introversione/estroversione è fluttuante; ci sono dei momenti in cui ti senti estroverso e altri in cui ti senti introverso.

Capisci come questa cosa non c'entri niente con la timidezza.

Il fatto è che in questi ultimi anni si è data troppa importanza all'"uomo d'azione" rispetto all'"uomo contemplativo" e infatti lo stereotipo dell'uomo moderno è quello guidato dalla leadership e molto estroverso.

Questa cosa è FALSA, mettitelo in testa.

Esempio.

Io sono un formatore, faccio questo di professione e adoro sia fare formazione sugli altri che su di me. Ne deriva il fatto che almeno due o tre volte l'anno io stesso faccio corsi di formazione come allievo perché ho bisogno di imparare e di aprire la mia mente.

E non importa se sono argomenti che ho già sentito, ci vado perché so che potrei aprirmi a nuovi orizzonti, insomma mi piace trovarmi in mezzo a tanta gente che la pensa come me e cha ha i miei stessi obiettivi, mi piace scambiare opinioni con loro, capire cosa li ha spinti a fare quel determinato corso, ecc.

Quando vado agli eventi divento ESTREMAMENTE ESTROVERSO. E se qualcuno mi fotografasse in quel momento mi potrebbe considerare un estroverso.

Ci sono invece altri ambienti dove però l'estroversione si va a far benedire!

Se mi metti in un ambiente dove si parla solo di calcio per esempio mi trasformo nel peggiore degli introversi.

Ecco, non riuscendomi a mettere in comunicazione con queste persone e ad instaurare un qualche tipo di contatto in quei momenti appaio come un timido, uno che ha problemi sociali.

Ecco, ciò che fa la differenza è **l'ambiente,** l'ambiente trasforma le persone in estroverse o introverse.

Ora mi rivolgo a te e ti ripeto: ogniqualvolta ti considerassi un timido chiediti "Ma io sono timido o sono solo introverso?".

Una volta che avrai compreso che la tua al 99% non è timidezza ma solo introversione capirai che essere carismatico è possibile!

Davvero, non lo dico a caso, gli introversi sono le persone che di solito comunicano meglio perchè sanno argomentare meglio i loro pensieri e ritagliarsi degli spazi per magari provarsi dei discorsi quando devono parlare pubblicamente.

Ora potresti farmi questa domanda…

"Ma quindi gli estroversi non possono essere carismatici?"

Assolutamente sì, gli estroversi POSSONO essere carismatici ma devono stare molto attenti a non esagerare troppo con la loro esuberanza perché si potrebbe rischiare di ricadere nella categoria degli arroganti.

Per concludere, la chiave per MASSIMIZZARE il tuo talento non è tanto capire se sei introverso o estroverso (questo ti darà solo la prova che essere carismatici è possibile) ma è **METTERTI NELLA TUA ZONA DI STIMOLO.**

Ti prego di stare MOLTO ATTENTO a questo passaggio.

Ho conosciuto tantissime persone hai corsi di formazione che pensavano di essere timide e hanno totalmente castrato i loro talenti perché non si ritenevano adeguati a sviluppare queste abilità.

Non fare lo stesso!

I 6 KILLER DEL CARISMA

Prima di entrare nel vivo di questo libro e spiegarti come innalzare il tuo carisma devo farti una premessa.

Nella vita purtroppo non incontriamo sempre persone positive. Alcune volte, possiamo imbatterci in persone che ci danneggiano lentamente con i loro comportamenti, ci demoralizzano e ci tolgono l'autostima.

Si tratta delle **persone tossiche, che ci risucchiano e ci svuotano, lasciandoci privi di energia.**

Imparare il prima possibile a identificare questo tipo di **personalità tossiche e sapere come comportarci,** è fondamentale per non creare relazioni negative e abitudini difficili da interrompere, abitudini che avrebbero come effetto la distruzione totale del nostro carisma.

Quali sono allora i killer del nostro carisma?

In questo capitolo ti svelo come riconoscere i 6 tipi di **persone tossiche** più comuni e mettere in atto le migliori strategie per gestirle o evitarle.

I 7 TRATTI PER IDENTIFICARE UNA PERSONALITA' TOSSICA ANCHE DA 1KM DI DISTANZA

Per iniziare, dobbiamo partire dal fatto che non possiamo definire **tossiche** tutte **quelle persone** con le quali siamo in disaccordo.

Ovviamente, le **personalità tossiche** vanno oltre una semplice divergenza caratteriale.

Inoltre, dovremmo prestare sempre un occhio attento anche alle nostre caratteristiche. Considerando che a volte, potremmo essere anche noi ad agire come **persone tossiche** nei confronti di colleghi e familiari.

Studi scientifici di psicologia sociale hanno rilevato che purtroppo oggi ci troviamo a vivere in una società predisposta ad un alto livello di tossicità.

La maggior parte di noi è consapevole di questo problema, ma a volte non sappiamo esattamente distinguere cosa è tossico e cosa invece non lo è.

È chiaro, dunque, che questa incertezza ci destabilizza nel vivere le nostre relazioni quotidiane. Le persone tossiche ci danneggiano, soprattutto nella nostra autostima, e questo non ci predispone all'acquisizione di un maggiore carisma.

Prendere atto di alcuni tratti caratteriali delle persone tossiche, ti sarà davvero d'aiuto.

Questi sono i 7 tratti principali delle persone tossiche:

1. **Atteggiamento nervoso:** Alcune persone non possono fare a meno di comportarsi da maestre in ogni situazione. Sono facili da provocare e sono sempre nervose. Spesso vogliono tenere tutti sotto controllo alzando la voce. Si circondano di persone insicure e con un basso livello di autostima.

2. **Hanno sempre ragione:** Non importano le circostanze... Loro hanno sempre ragione. Credono in un'unica verità, la loro, e si ostinano a convincere gli altri che non ne esistono altre. Sono capaci di farti sentire in colpa e intellettualmente inferiore, nel pensare il contrario di ciò che pensano loro.

3. **Non smettono di lamentarsi:** Si lamentano qualsiasi cosa succeda. Questa è uno dei tratti più ricorrenti nelle persone nocive. Sono piene di negatività e capaci di infettare tutti intorno a loro, rapidamente.

4. **Parlano alle spalle:** Spesso le persone nocive non hanno il coraggio di dirti in facci a quello che pensano perché non hanno l'autostima e il coraggio necessari per farli. Il tentativo è anche quello di metterti contro le persone di cui stanno parlando.

5. **Criticano molto:** Non smettono di criticare costantemente opinioni e interessi degli altri, oltre a trattarli superficialmente.

6. **Usano il sarcasmo e sono cinici:** Le persone tossiche usano il sarcasmo come una lama, per alludere sempre a qualche mancanza. Tuttavia, lo scopo del loro essere sarcastiche è quello di distruggerti l'autostima e farti sentire inadeguato.

7. **Simpatizzano troppo velocemente:** Alcune persone nocive spesso tendono a fare "amicizia" troppo in fretta. Infatti è molto comune che, dopo qualche giorno dall'avere conosciuto qualcuno, lo considerino il loro nuovo "migliore amico". Ciò è dovuto alla loro enorme insicurezza, che spinge alla costante ricerca di simpatia. Può apparire paradossale, ma in verità, sono persone estremamente insicure. Hanno bisogno di essere costantemente accettate e riconosciute dagli altri, per sentirsi un po' più fiduciose.

COME INDIVIDUARE E GESTIRE I 6 KILLER DEL CARISMA: PERSONALITA' TOSSICHE

1. L'INVIDIOSO

Una marea di studi hanno dimostrato che l'invidia è generata da una forte mancanza di autostima.

Stare a contatto con persone invidiose, tuttavia, può demolire il nostro carisma.

Gli invidiosi passano la maggior parte del loro tempo a rimuginare su ciò che gli altri hanno ottenuto e cosa loro non hanno, odiano il successo altrui e a volte arrivano anche a detestare la felicità dei loro conoscenti

Questo genere di persone hanno pochi obiettivi nella vita e sono perennemente insoddisfatte.

Quello che interessa loro, invece, è il fallimento degli altri.

Come gestire l'invidioso?

Come prima cosa devi iniziare a prendere consapevolezza del fatto che l'invidia di una persona è sempre radicata nell'insicurezza e nella scarsa autostima.

Questo ti può aiutare ad essere più comprensivo e a cambiare le tue reazioni quando questa mostra ostilità nei tuoi confronti.

Fatto sta che però non è molto semplice gestire queste persone.

Il più delle volte, te lo dico, non cambieranno, qualsiasi strategia tu possa mettere in atto.

Probabilmente le loro insicurezze sono così radicate, che solo un aiuto professionale potrebbe aiutarle a cambiare le modalità di interazione.

Se il loro comportamento diventa un ostacolo alla tua vita ti do un consiglio spassionato... Tagliali fuori!

2. IL MANIPOLATORE

Il manipolatore solitamente è un narcisista che sfrutta, svilisce e ferisce.

In questa categoria di **persone nocive** possono essere inclusi parenti, amici e persino il partner.

Questo tipo di persona tende ad alterare la realtà e a scaricare sugli altri le responsabilità e le colpe, nel tentativo di sfuggire alle proprie responsabilità.

Esistono **tre tipi di manipolazione...**

GASLIGHT

È una forma di **manipolazione psicologica** pericolosissima.

Chi la usa mette in atto subdoli giochini per mettere in dubbio la tua lucidità mentale.

Ad esempio, di fronte a un fatto accaduto o a un'evidenza, il manipolatore si esprimerà in questo modo: "Non è accaduto", "Te lo sei immaginato o sognato", "Sei pazzo" e così via.

Come puoi capire questa tattica è molto pericolosa perché può rovinarti l'autostima a poco a poco.

CONVERSAZIONI SENZA SENSO

Questo tipo di manipolazione utilizza fiumi di parole per stordirti.

Ti manda fuori pista, ti scredita e ti confonde, facendoti sentire in colpa.

Cadere in questa rete può essere per te molto dannoso e fonte di infelicità.

Perciò abbi cura di te. Cerca di tenere solo brevi contatti, se proprio è necessario.

CONDIZIONAMENTO DISTRUTTIVO

Anche questa è una **forma manipolatoria distruttiva**.

Il manipolatore cerca di condizionare i tuoi punti di forza, talenti e ricordi felici con l'abuso, la frustrazione e la mancanza di rispetto.

Utilizza forme velate di comunicazione, svalutando furtivamente le qualità e le caratteristiche che un tempo idealizzavi. Sabota i tuoi obiettivi e rovina i tuoi momenti di svago, come anche le feste e le vacanze.

Può arrivare anche a isolarti dagli amici e dalla famiglia. In un certo senso ti "addestra" nel corso del tempo per farti avere paura di fare le cose che una volta rendevano la tua vita appagante.

Come gestire il manipolatore?

Se come immagino il tuo obbiettivo è quello di sviluppare carisma e essere un leader poni attenzione alle tue debolezze perché sono proprio quelle a cui si attaccano i manipolatori.

Perciò seleziona accuratamente le persone che frequenti e **fai piazza pulita delle personalità tossiche.**

Non rivelare mai ciò che ti manca perché se no sarì sempre in balia degli altri.

Il manipolatore cerca di prometterti quello che più desideri. Per questo, più conoscerà i tuoi bisogni, più saprà dove andare a colpire.

Prendi le decisioni da solo e fai solo di testa tua!

3. IL VITTIMISTA

Il vittimista sfida ogni logica umana di comprensione ed è inconsapevole della sua negatività.

La **Sindrome di Calimero** è l'esempio più emblematico del vittimismo.

La Sindrome di Calimero è quell'atteggiamento per cui una persona si sente vittima del proprio destino. L'effetto che hanno queste persone hanno sul tuo carisma sono negativi anche nel lungo termine.

Ricerche recenti condotte dal Dipartimento di Psicologia biologica e clinica dell'Università Friedrich Schiller, in Germania, hanno rivelato che il contatto continuo con personalità di questo tipo, causa forti emozioni negative.

Il contatto con loro ti può fare assimilare il loro male di vivere per osmosi. Il vittimismo, purtroppo, è un atteggiamento sia auto che etero distruttivo, impedisce qualsiasi tipo di evoluzione relazionale.

Come gestire il vittimista?

Per gestire al meglio il vittimista è necessario uno stratagemma per eliminare gli eventi fuori dal tuo controllo.

Stabilisci dei limiti.

Il vittimista vuole inconsciamente che tutti se sentano come lui, e per questo continua a essere negativo.

Questo puoi evitarlo solo stabilendo dei limiti e prendendo le dovute distanze, quando necessario.

4. L'EGOCENTRICO

Gli egocentrici hanno una sola visione del mondo e non lasciano spazio alle opinioni degli altri.

Sono persone che vogliono stare al centro dell'attenzione per far parlare di sé, sono polemiche e si arrabbiano molto facilmente.

Una forma di comportamento estremamente egocentrico, può evolvere verso un disturbo narcisistico di personalità.

Il peggio del peggio può accadere quando una persona egocentrica, per apparire, sminuisce i tuoi obiettivi o il tuo lavoro.

Questo tipo di persone possono renderti VERAMENTE infelice.

Come gestire l'egocentrico?

Non devi per forza interagire con una persona egocentrica.

Certo, la situazione potrebbe essere più complicata in caso di una convivenza con una persona di questo tipo ma con la giusta calma e con le più adeguate strategie, puoi riuscire a preservare la tua salute e il tuo equilibrio psichico.

Allora, munisciti di buona volontà e fai questi passi:

Quando senti che ti sta per travolgere una valanga di presunzione, interrompi la conversazione in modo diplomatico, evitando il contatto visivo, trattenendoti dal fare commentare e agendo in modo disinteressato.

Evita di complimentarti con quella persona alimentando la sua smania di grandezza perché potrebbe approfittarne per dimostrare il suo valore svalutandoti.

Chiediti: "Questa persona merita veramente il mio tempo e le mie energie?" Non farti risucchiare da inutili conversazioni sui suoi ultimi successi.

Se si tratta di un amico o di una persona a cui sei particolarmente legato, potrebbe essere difficile mettere dei paletti.

Ricordati però che l'egocentrico è una persona che ama solo se stessa.

All'inizio potresti esserne attirato, perché sono persone che animano le conversazioni e la compagnia, con la loro "personalità", ma se questo ti danneggia, facendoti sentire umiliato e svalutato, forse è giunta l'ora di cambiare.

5. L'IRACONDO

La persona iraconda è quella che si arrabbia sempre per nulla e tiene dentro di sé una quantità infinita di risentimento.

Per questo l'iracondo è un personaggio che può minare seriamente i pilastri di ogni suo rapporto.

Dar sfogo alla propria rabbia è giusto ma chi cade spesso nell'ira lo fa dando contro a chi non c'entra niente, come se le persone fossero dei capri espiatori.

Rabbia, urla e critiche negative sono segnali chiari di una personalità tossica.

Come gestire l'iracondo?

Per far sì che le tue interazioni non diventino dei giochi di potere è necessario che tu acquisisca il controllo.

Come?

Rifiutandoti di competere!

Scegliendo di posizionarti ad un altro livello, automaticamente sei tu che gestisci il gioco, perché sottrai all'altra parte la possibilità di sfidarti.

Facendo in questo modo, tra l'altro, non rischi di intossicarti di negatività.

6. IL CRITICONE

Le critiche fanno crescere ma gli insulti no!

Chi punta il dito abitualmente e fa critiche non costruttive di solito tende a farlo per abbattere gli altri con commenti poco pertinenti.

Questo succede perché chi critica non è mai contento degli altri e specialmente di se stesso.

Come gestire il criticone?

Impara a prenderti cura di te e a reagire correttamente.
Quando qualcuno prova a buttarti giù, fronteggia la situazione senza essere impulsivo. Non avere una reazione impulsiva o ti abbasserai al suo stesso livello.

La cosa migliore che puoi fare è ignorare, ignora e basta.

Eviterai così di sprecare il tuo tempo per qualcuno che non ne vale la pena. Ricorda che ci sono situazioni in cui, il silenzio è l'arma migliore.

Se ignori una persona che ti critica le togli potere perché la privi della soddisfazione di vederti reagire.

Non degnarla di uno sguardo.

Nella vita ti potrà capitare di avere vicino diverse persone nocive. Imparare a prendere le giuste distanze è fondamentale per iniziare a sviluppare il tuo carisma magnetico.

Una cosa che però non devi perdere di vista è il rapporto tra carisma e persone nocive.

Più accrescerai la tua autostima più il tuo carisma ne gioverà e con questo saprai anche evitare i 6 killer della tua vita.

Dedicati perciò ad attuare i consigli che ti darò in questo libro così da poter sviluppare una certa capacità di discernimento e allontanarti da personalità tossiche e nocive.

In questo modo sari più allineato con te stesso e inizierai ad attrarre solo persone positive nella tua vita, che alla fine sono quelle che ti servono e ti fanno sentire bene.
Pronto?

Iniziamo!

I 3 PILASTRI DEL CARISMA

Ma quali sono i componenti del carisma?

Quali sono i 3 pilastri su cui si fonda la personalità di un uomo o di una donna carismatici?

Bene, in questo capitolo andremo ad esaminare uno ad uno i componenti fondamentali del carisma quali: **IL POTERE, IL CALORE** e **LA PRESENZA**.

Ti mostrerò come questi 3 pilastri siano fondamentali per diventare un leader e di come anche tu, ora, puoi implementarli nella tua vita per ottenere fin da subito i primi risultati in famiglia, con gli amici e nel lavoro mediante semplici esercizi che ti aiuteranno a liberare il tuo vero potenziale.

Bene, iniziamo.

IL POTERE

Come abbiamo già visto, le 3 aree fondamentali per aumentare il nostro Quoziente carisma sono il CALORE, il POTERE e la PRESENZA.

Partiamo dal primo: il **POTERE.**

Tutto ciò che facciamo oggi con la nostra mente è un retaggio di milioni di anni di evoluzione.

Immagina di camminare la sera in una strada desolata. Ad un certo punto noti che sta venendo verso di te un uomo che riesci a vedere a malapena. Cosa accade nella tua mente? In quel momento tutti i tuoi istinti si svegliano per sondare nel più breve tempo possibile se si tratta di una buona o brutta persona.

Gli stessi criteri vengono usati ogni volta che incontriamo qualcuno per la prima volta. Istintivamente valutiamo se si tratta di un potenziale amico o nemico e se ha il POTERE di mettere in atto le proprie intenzioni.

Quindi il POTERE di una persona e le sue intenzioni sono quello che sondiamo istintivamente. Per dirla in altri termini, la domanda inconscia che ci facciamo riguardo al POTERE è "lotta o fuga?" Perché sulla base di quanto POTERE ha la persona che ho davanti, io mi devo adattare.

É una questione di sopravvivenza.

E questo ci porta al primo ingrediente che genera CARISMA: dare l'impressione di avere un grande POTERE

Essere POTENTI significa avere la capacità di influenzare il mondo circostante, e questo accade perchè esercitiamo influenza sugli altri.

Lo possiamo fare ad esempio perché si ha autorità, o un'elevata posizione sociale, o perché abbiamo disponibilità finanziarie, abilità, intelligenza o forza fisica.

Lo possiamo fare ad esempio perché si ha autorità, o un'elevata posizione sociale, o perché abbiamo disponibilità finanziarie, abilità, intelligenza o forza fisica.

Siamo biologicamente programmati per essere sensibili allo status e per farcene impressionare, perché questa reazione istintiva è stata utile alla sopravvivenza. Gli individui di rango più elevato hanno il potere di favorirci o di danneggiarci e, per sopravvivere, dobbiamo essere perfettamente consapevoli del nostro posto nella gerarchia.

Per questa ragione, ad esempio, se incontri una grande carica istituzionale avrai al suo cospetto un linguaggio del corpo più accondiscendente e un po' più chiuso.

Se la Polizia ti ferma per strada, in quel momento il poliziotto avrà più POTERE per la sua carica istituzionale e tu tenderai ad esibire i documenti con più gentilezza del solito.

Perché, ripeto, rango superiore può danneggiare rango inferiore.

Questo è il retaggio di milioni di anni di evoluzione. Che ci piaccia oppure no.

Quindi, a questo punto, anche noi dobbiamo iniziare ad esibire i nostri segnali di POTERE.

Forse ti starai chiedendo: "Ma io non ho nessuna di queste posizioni di potere! Non sono ricco, e non ho alte cariche sociali!"

Il punto è proprio questo. Non importa se hai o meno queste posizioni. Quello che importa è che tu ti muova nel mondo come se le avessi.

Ti faccio un esempio...

Ti sarà capitato di vedere qualcuno o qualcuna in giro che ti ha particolarmente colpito, magari nel suo modo di fare o di camminare.

Fermo, con presenza, elegante.

E magari, incuriosito, ti sei chiesto: "Ma chissà chi è quello... deve essere qualcuno di importante...ha un'aria diversa, più importante."

Vero? Quante volte ci è capitato!

Quindi, anche senza conoscerlo, gli hai associato uno degli ingredienti del carisma. In questo caso il Potere.

E adesso la domanda è: dov'è che ricerchiamo questi segnali di Potere negli altri? Cos'è che ti ha colpito di quella persona?

Qui le cose si fanno interessanti. Abbiamo imparato nel corso della nostra evoluzione a decodificare alcuni segnali che ci aiutano a capire quanto Potere ha la persona che abbiamo davanti.

E i segnali che ricerchiamo in maniera del tutto inconscia sono 4:

1. Nel linguaggio del corpo

2. Nell'aspetto
3. Nell'abbigliamento
4. Nelle reazioni che la persona suscita negli altri

Anzitutto viene valutato il **linguaggio del corpo.**

Irradia fiducia nel proprio potere di influenzare gli altri? Può influire sul mondo circostante? Ha un linguaggio del corpo aperto e sicuro di sè?

In secondo luogo, viene valutato l'**aspetto esteriore e l'abbigliamento.**

Anche qui c'è un retaggio evolutivo: il capo tribù vestiva abiti più importanti rispetto agli altri. Lo vediamo nelle forze armate oggi: l'uniforme del Generale è più vistosa e pregiata del militare di truppa.

Da questo punto di vista, l'abito fa assolutamente il monaco.

Guarda queste due immagini: chi dei due manifesta più POTERE? Quello a destra o quello a sinistra? La risposta è scontata!

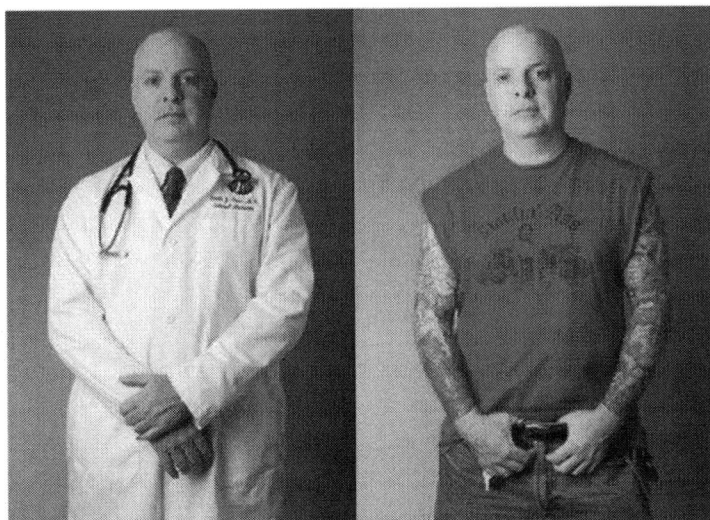

Il 4° elemento è **la reazione che suscita negli altri**.

Se in un gruppo c'è una persona che viene circondata da tante altre persone che lo ascoltano con attenzione, e che con il linguaggio del corpo gli esprimono rispetto, allora anche noi, anche se non lo conosciamo, gli assoceremo una certa dose di influenza e quindi di carisma.

Tutti questi segnali li valutiamo in meno di un secondo.

Ma ripeto, per aumentare il Potere non dobbiamo avere una particolare posizione sociale o autorità.

Dobbiamo solo muoverci nel mondo con il loro stesso stile, perché le persone credono a quello che noi proiettiamo verso l'esterno.

Ecco quindi le 3 cose da aggiustare subito nel tuo atteggiamento per aumentare Potere:

1. USA UN LINGUAGGIO DEL CORPO APERTO

Riempi lo spazio, stai dritto con la schiena, non ti afflosciare.

Quando ti chiudi come se volessi riempire meno spazio, abbassi il tuo potere e ti senti a disagio.

Sforzati per almeno una settimana di camminare con la schiena dritta, spalle rilassate e il corpo aperto.

Porta attenzione soprattutto alle braccia conserte.

Come esercizio questa settimana non incrociare mai le braccia.

Noterai che quando sei in imbarazzo mentre parli con qualcuno, tenderai a volerle incrociare.

Considera questo…

Il busto è la parte più vulnerabile del nostro corpo e inconsciamente la esponiamo senza protezione solo se ci sentiamo completamente a nostro agio. Quindi se rimaniamo con il corpo aperto e busto scoperto, trasmetteremo fiducia e sicurezza.

E la cosa più sorprendente è che anche noi cominceremo a sentirci più forti. Perché la nostra mente manda segnali al nostro interno di forza e sicurezza.

Prova! Rimarrai stupito dei risultati!

2. MUOVITI LENTAMENTE

Non agitarti di continuo.

Chi si agita continuamente trasmette una sensazione di insicurezza e nervosismo.

Anche qui porta attenzione soprattutto a quando sei in imbarazzo.

Noterai che quando sei più agitato, ti dondoli continuamente sulle gambe, ti gratti di continuo, porti le mani al volto o, peggio ancora, alla nuca.

Esercitati a muoverti con calma... ma con fermezza.

Pensa ai film di James Bond: il suo linguaggio del corpo è sempre calmo e composto anche nei momenti di grande tensione.

3.TIENI LE MANI SEMPRE IN VISTA

Non nasconderle mai dietro la schiena o in tasca.

Quando sei seduto non mettere le mani sotto le gambe.

E, ripeto, non incrociare le braccia, perché oltre a segnalare protezione, stai anche nascondendo le mani.

Ricordati: le mani segnalano fiducia e onestà.

Se stai negoziando con qualcuno tieni le mani sempre in vista, soprattutto quando parli di prezzo. Per esprimere autorevolezza, tieni sempre in vista le mani o, come vedi in questa foto, in questa posizione chiamata "a guglia".

Fai questi esercizi per una settimana. Ti sorprenderai sia del loro effetto che avranno sugli altri, e anche di come la sicurezza in te stesso aumenterà.

IL CALORE

Approfondiamo la seconda area: **IL CALORE.**

Nel capitolo precedente abbiamo parlato del processo istintivo per il quale sondiamo istintivamente chi abbiamo davanti.

La domanda inconscia che ci facciamo riguardo al Potere è: "lotta o fuga?".

Nel calore, invece, la domanda inconscia che ci facciamo è: "Amico o nemico?!"

Il calore è la buona volontà verso gli altri.

Essere persone calorose significa apparire benevoli, altruisti, partecipi della vita altrui.

Il calore è importante per evitare l'arroganza, perché se dimostriamo solo atteggiamenti di POTERE, appariremo arroganti.

Grazie al Calore, invece, potremo esprimere tutta la sicurezza in noi stessi che vogliamo senza apparire mai presuntuosi.

Ed ecco la prima equazione che genera CARISMA: **dare l'impressione di avere un grande POTERE insieme un grande CALORE.**

Devi Imparare ad essere forte, ma non scortese.

Impara ad essere gentile, ma non debole.

Impara ad essere audace, ma non un prepotente.

Impara a essere umile, ma non timido.

Impara ad essere orgoglioso e fiero, ma MAI arrogante.

In poche parole, dobbiamo sviluppare un'Autorevolezza Gentile.

Aumentare il nostro Calore è importante non solo per evitare l'arroganza, ma anche perché le persone carisma non vogliono apparire importanti: in realtà vogliono far sentire **GLI ALTRI** importanti.

E questo passaggio è importantissimo.

Se a darti importanza è una persona di poco conto, ti farà piacere certamente... ma finisce tutto lì.

Se invece a darti importanza è una persona socialmente potente, allora ti sentirai molto importante.

E incredibilmente la persona potente che ti ha fatto sentire importante riceve sia tutta la nostra stima, sia gli associamo un grande carisma.

Facciamo un esempio.

Se l'operaio di un'azienda ti fa un complimento e ti dice che sei una bella persona, questo certo avrà effetto su di te... ma se lo stesso complimento te lo fa l'Amministratore Delegato di quell'azienda, come ti sentirai?

Da ora in poi, quindi, ci mettiamo noi dalla parte delle persone Potenti che fanno sentire bene gli altri.

Per esprimere CALORE dobbiamo entrare in uno stato mentale di bontà, cioè far trasparire dai nostri gesti che abbiamo preso a cuore la persona.

Per farlo ci sono 3 stati mentali che dobbiamo indurre: **la BENEVOLENZA, la GRATITUDINE e l'EMPATIA.**

Per aumentare il tuo CALORE ti suggerisco di fare questo esercizio...

Quando sei con qualcuno, individua 3 aspetti che ti piacciono. Chiunque esso sia, cerca tre aspetti da apprezzare e da approvare (anche se si tratta di piccolezze come "Ma che belle scarpe tirate a lucido!" o "Però, che puntualità!").

Andando in cerca di aspetti positivi, il tuo stato d'animo cambia di conseguenza, con un forte impatto sul linguaggio del corpo.

Una volta individuato i tre aspetti, comunicane almeno uno al tuo interlocutore. Ad esempio: "Che bella giacca! Dove l'hai trovata?".

Mi raccomando, devi farlo in modo sincero e autentico.

Quando invece ti trovai con persone dove è più difficile trovare delle cose buone da osservare, prova la tecnica dell'Empatia.

L'Empatia è la capacità di "mettersi nei panni dell'altro", percependo le loro emozioni e i loro pensieri.

Quando sei in contatto con questo tipo di persone, fatti un paio di domande di allineamento:

"Se fossi nei suoi panni, mi comporterei alla stessa maniera?"

"Se fossi nei suoi panni, sarei in grado di comportarmi diversamente?"

Mi raccomando, l'Empatia è un potente strumento di CALORE, ma non devi soltanto metterti nei panni dell'altro e immaginare cosa pensa. Mettiti nei panni dell'altro e rimanici fintantoché non ritieni ragionevole il suo punto di vista.

Questo avrà un effetto potentissimo!

Impara anche a dire "Mi dispiace".

Un altro modo per aumentare il Calore facendo leva sull'Empatia è quello di dire "mi dispiace" quando qualcuno ti racconta qualcosa di spiacevole che gli è successo. É un modo efficace di mostrare che ti stai mettendo nei suoi panni, cercando di metterti in una relazione empatica.

Trasmettere comprensione verso il vissuto degli altri e augurargli il meglio, produce miglioramenti sensibili nella fiducia.

LA PRESENZA

Vediamo ora la terza importantissima area del carisma: **LA PRESENZA**, che ne costituisce l'ingrediente di base.

Essere PRESENTI significa avere la consapevolezza, momento per momento, di ciò che sta accadendo. Quindi prestare attenzione a quello che sta succedendo ora e al nostro interlocutore, piuttosto che essere coinvolti nei nostri pensieri.

Ti è mai capitato, conversando con qualcuno, di avere la sensazione che la tua mente fosse lì solo a metà, e che l'altra metà vagasse in giro? Secondo te l'interlocutore se n'è accorto?

Certamente sì!

La mancanza di Presenza non soltanto si vede, ma rischia anche di essere avvertita come una forma di falsità, con conseguenze ancora peggiori sul piano emotivo.

Purtroppo durante le conversazioni è stato stimato che in media ci distraiamo per circa il 50% del tempo. E quando accade questo, il nostro linguaggio del corpo cambia in maniera evidente.

Gli occhi diventano più spenti ed appaiano "appannati", non sono diretti all'interlocutore ed è come se non guardassero veramente niente in particolare. Così anche le nostre espressioni facciali diventano più lente.

Tutti segnali di cui il nostro interlocutore si accorge, ovviamente!

La prossima volta che conversi con qualcuno, verifica ad intervalli regolari se la mente sia davvero lì o se stia vagando altrove.

Vale anche quando stai pensando alla frase successiva!

Cerca di riportare l'attenzione al presente ogni volta che puoi.

Anche se per poco tempo, ma dedicando totale attenzione, farà sentire la persona capita, apprezzata e rispettata, e avrà la sensazione che stia contando veramente qualcosa per te. Si sentiranno un po' speciali.

4 consigli per aumentare la tua PRESENZA:

1.CONTATTO VISIVO

La prima cosa che le persone cercheranno di capire quando ti conoscono sarà se possono fidarsi di te.

La decisione è quasi interamente inconscia, e solitamente si basa su come riesci a regolare la trasmissione dei due pilastri: Potere e Calore.

Il modo più semplice per creare interazione con le persone è quello di agganciare lo sguardo e tenerlo.

È incredibilmente una delle cose più semplici da fare, ma rimane tra le più efficaci.

Ti è mai capitato di essere impegnati in una conversazione con qualcuno che guarda dietro le tue spalle? Oppure scruta con gli occhi in giro? O, peggio ancora, guarda il telefonino?

Come ti senti?

Non solo non hanno niente di carisma ma addirittura ci fanno sentire a disagio.

Gli occhi mandano e ricevono costantemente segnali, e creano una connessione profonda. Questi segnali sono potenti indicatori di sicurezza, intelligenza, calore, apertura, umorismo, potere e leadership.

Quindi, guarda negli occhi l'interlocutore per almeno 50% del tempo quando sei coinvolto in una conversazione.

2. ASCOLTA

Ascolta con attenzione quello che le persone ti stanno dicendo.

Ascoltare non significa "aspettare il proprio turno" mentre la mente divaga e pensa alla risposta o, peggio, attendi passivamente. Questo è un grave errore della comunicazione!

La maggior parte delle volte non ascoltiamo per capire, ma per rispondere.

Ascolta attivamente.

L'ascolto attivo richiede diversi passaggi:

- Sentire quello che la persona dice
- Interpretare e valutare
- Rispondere

Interpretare e valutare significa capire veramente il punto di vista dell'interlocutore evitando giudizi affrettati e personali conclusioni.

Sii sicuro di avere tutte le informazioni pertinenti prima di esprimere un'opinione. Poi dai un riscontro, per far capire al tuo interlocutore che hai ascoltato.

Se non ricordi tutti i passaggi, memorizza questo: ascolta il doppio e parla la metà.

3. NON INTERROMPERE!

Resisti alla tentazione di interrompere.

L'interruzione instilla un po' di frustrazione o risentimento nell'interlocutore per non aver finito il ragionamento. E non solo!

La persona aspetterà che tu finisca di parlare, senza ascoltarti veramente, perché dovrà finire il suo ragionamento!

Questa settimana pratica questi suggerimenti e vedrai il tuo carisma salire notevolmente.

Ti ricordo ancora: per aumentare il tuo carisma devi fare in modo che le persone si sentano importanti in tua presenza.

4. MINDFULNESS

In questo ultimo paragrafo voglio parlarti di una cosa che si chiama "meditazione mindfulness" che è una cosa che io faccio tutti i giorni.

E' un semplicissimo esercizio che ti permetterà di acquisire consapevolezza del "qui ed ora" così da eliminare quanto possibile l'overthinking generale che si crea nella tua testa ogni giorno e ti permetterà di elevare al massimo la tua presenza.

Prenditi 10 minuti al giorno.

Siediti con le gambe incrociate e la colonna vertebrale diritta.

Cerca su youtube o su spotify della musica bianca (non sto a spiegarti del perché devi cercare questo tipo di musica, fallo e basta).

Mettiti le cuffie e chiudi gli occhi.

Attiva la musica e stai per 10 minuti con gli occhi chiusi concentrandoti solo sulla musica cercando di non pensare ad altro.

Inspira col naso ed espira con la bocca profondamente.

Se sopravviene un pensiero non combatterlo, accettalo e lascialo passare.

È un esercizio che ti cambierà la vita, credimi. Ti renderà più reattivo agli eventi quotidiani e ti sbloccherà delle aree del cervello che ti spingeranno ad agire anche se non ti sentirai pienamente all'altezza della situazione.

TECNICHE E MINDSET

7 TECNICHE DI COMUNICAZIONE PER INNALZARE IL TUO CARISMA

1. SORRIDI

Il più importate degli atteggiamenti per generare carisma è il SORRISO!

Il sorriso non è solo un'espressione facciale universale di gioia e felicità, ma anche generatore di felicità. Inoltre il sorriso è contagioso.

Quando noi ridiamo, anche gli altri ridono e questo processo si rinforza continuamente.

Proverbio cinese: "Un uomo che non sa sorridere non dovrebbe mai aprire un negozio".

Le persone rispecchiano inconsciamente il linguaggio del corpo di chi sta parlando. Se vuoi essere piacevole, usa un linguaggio fisico positivo e le persone faranno altrettanto in modo del tutto naturale.

2. METTI VIA IL TELEFONINO

Tieni fuori dalla vista il telefonino finché la conversazione o la riunione non è finita.

Presta attenzione. Guarda gli altri negli occhi. Smetti di fare ciò che stai facendo. Niente interruzioni. Sii presente con tutto te stesso.

Guardare continuamente il telefonino non solo mostra disattenzione e mancanza di presenza, ma manda un messaggio inconscio al proprio interlocutore che le telefonate e i messaggi sono molto più importanti di lui e per questo avranno sempre la priorità.

Questa, più che una tecnica, è un'efficace abitudine che può essere presa immediatamente e che non richiede fatica o capacità particolari.

3. ACCETTA I COMPLIMENTI

Accettare un complimento può essere complicato.

La paura è di sembrare egocentrici. O tendiamo a minimizzare perché ci si sente in imbarazzo e non sappiamo come gestirli.

Quindi evita di dire "Niente di che"... o borbottare un "Grazie, anche tu" perché ciò ti fa apparire impacciato e socialmente incapace. Inoltre Il messaggio che si manda all'interlocutore è che ha sbagliato a farti un complimento, facendo sentire lui a disagio.

Invece di rispondere con frasi come "Sembri 10 volte migliore di me", oppure "È tutto merito tuo", accetta il complimento usando questa sequenza:

Ti arriva il complimento

1. Non giustificare o spiegare perché hai fatto quella cosa

2. Fermati e assorbi il complimento e possibilmente goditelo

3. Mostra con la mimica facciale che il messaggio ha sortito il suo effetto

4. Ringrazia sinceramente. "Grazie mille!" può bastare, oppure "Grazie! è bello sentirselo dire!"

4. STRETTA DI MANO

Non troppo forte per non sembrare dominante, e non cedevole o morbida, dando l'impressione di essere un sottomesso. Una ricerca mostra come le persone decidono se gli piaci o no dopo pochi secondi che ti hanno incontrato.

Una stretta di mano della giusta intensità può contribuire molto a questa prima impressione.

5. CHIAMA LE PERSONE PER NOME

La prossima volta che qualcuno ti saluta chiamandoti per nome o lo usa nel mezzo della conversazione, nota quanto ti fa piacere.

Se hai problemi a collegare i nomi ai visi, usa strategie diverse, come per esempio associando immagini al nome.

Prova questa strategia:

- Ripeti il nome delle persone numerose volte mentre gli parli

- Scrivi i nomi delle persone sul telefono con una breve descrizione di chi sono e di come li hai incontrati.

- Associa il volto della persona a qualcuno che conosci bene: può essere un familiare o un personaggio famoso che abbia lo stesso nome.

Sia nella vita che nel lavoro, ricordare i nomi delle persone può aiutarti a costruire relazioni più forti e ad evitare situazioni scomode.

Le persone apprezzano quando ricordate il loro nome perchè è un segno di rispetto e profondità di pensiero.

6. DIRE GRAZIE

Spesso si scusiamo partendo dal presupposto che le persone apprezzeranno la nostra cortesia e le buone maniere.

Ma nella maggior parte dei casi, l'altra parte sarebbe molto più contenta di sentire parole di gratitudine piuttosto che le nostre scuse.

Quando vogliamo ringraziare qualcuno non dobbiamo scusarci e dire 'mi dispiace' in continuazione. Soprattutto, non dobbiamo scusarci per la nostra semplice esistenza o per come siamo, quando ci sentiamo un peso per gli altri.

Questo non solo influenza negativamente il nostro carisma, ma mette in disagio anche le persone intorno a noi.

Non dire: "Mi dispiace o scusa".
Dì invece: **"Grazie"**.

Non dire: "Oh mi spiace sono sempre in ritardo".
Dì: **"Grazie per la tua pazienza"**.

Non dire: "Scusami quello che dico non ha molto senso".
Dì: **"Grazie perché sai comprendermi"**.

Non dire: "Scusami sto parlando a vanvera".
Dì: **"Grazie perché sai ascoltarmi"**.

Non dire: "Scusami se sono stato noioso, una palla, grazie per avermi sopportato".
Dì: **"Grazie per aver trascorso del tempo con me".**

Non dire: "Scusa sono una vera delusione/ti deludo sempre".
Dì: **"Grazie perché continui a credere in me".**

7. CONCLUDI BENE LA CONVERSAZIONE

Le parole conclusive di un discorso possono lasciare un'impressione duratura su una persona, verifica quindi che siano quelle giuste.

Si parla moto spesso della prima impressione, ma pochi si concentrano sull'ultima impressione, che ha lo stesso potere della prima.

In psicologia sono chiamate Effetto "Primacy" e "Recency": è quella distorsione cognitiva che ci fa ricordare solo le prime e le ultime cose.

Quindi credibilità e fiducia si costruiscono nelle primissime fasi del contatto (effetto Primacy) e si consolidano nelle interazioni finali e nelle ultime cose che diciamo (effetto Recency).

Molto spesso nei momenti finali di una conversazione non si sa esattamente cosa dire, e quando arriva il momento di salutarsi ecco salire l'imbarazzo.

Quello è il momento in cui, se non fai attenzione, potresti dire delle sciocchezze...

Abituati a lasciare le persone con una sottolineatura diretta, come "È stato un piacere conoscerti" oppure "Goditi una buona giornata" oppure "Ricorderò la nostra piacevole conversazione."

È così facile! E può fare un'incredibile differenza.

6 PERLE DI MINDSET SENZA LE QUALI NON ANDRAI DA NESSUNA PARTE

Ora ti voglio parlare di una cosa molto importante ma troppo spesso sottovalutata che ti permetterà di applicare in modo del tutto naturale quello che hai imparato nei capitoli precedenti.

So bene che tenere d'occhio il tuo linguaggio del corpo, la tua voce e tutto il resto sia abbastanza stressante e a volte possa risultare troppo "meccanico"...

Proprio per questo ti voglio parlare di una cosa che, una volta imparata, ti permetterà di tenere sotto controllo tutti i parametri del tuo carisma con estrema naturalezza e senza nessuno sforzo.

Ti voglio parlare del **MINDSET** di una persona carismatica ed in particolare di 6 credenze che ti condurranno a quel tipo di comportamenti carismatici che renderanno la tua vita molto migliore in termini sociali, personali e di interazioni professionali.

1. NON IMPORTA COSA SUCCEDERA', IO STARO' BENE

Questa, a mio parere, è la credenza più fondamentale del carisma perché troppe persone vivono la loro vita avvolte in un loop mentale di domande del tipo:

"Che cosa succede se dico al mio capo questa cosa?"

"Cosa succede se chiedo a questa ragazza di uscire e lei mi dice no?"

"Cosa succede se mi avvicino per baciarla e lei si sposta?"

"Cosa succede se chiedo al mio amico questa cosa?"

Tutte queste cose bloccano le persone dall'agire, dal dire la propria, dall'esprimere chi sono veramente.

Ora, nei contesti sociali, quello che devi capire è che le ripercussioni, persino nel caso peggiore di questi, non sono poi così gravi. Te la caverai.

Se al tuo capo non piace l'idea, ok, vai oltre.

Se una ragazza non vuole venire ad un appuntamento con te, forse è meglio saperlo, invece che sprecare mesi, cercando di scoprire quali segnali ti sta mandando per scoprire se lei ti vuole.

Ecco, quando assimili questa credenza del "Non importa cosa succederà, io starò bene", allora la tua vita cambierà in modo radicale e acquisirai un carisma mai visto perché non avrai paura di sbagliare.

Non sto dicendo di uscire di casa e saltare da un palazzo di 40 piani, tuttavia applica questa strategia nelle tue interazioni sociali e guarda cosa succede.

Agirai con una libertà che la maggior parte delle persone non prova mai, e questo vuol dire che puoi correre rischi sociali come fare battute, esprimere idee, fare richieste, esprimere come ti senti.

E quando le altre persone vedranno che tu sembri avere una sorta di immunità alla pressione sociale, che stai esprimendo chi sei e stai bene, automaticamente saranno loro a gravitare verso di te perché questa è la forza che molti di noi vorremmo fosse presente in noi stessi.

Se mai ti sentissi bloccato, non sapendo se dover dire la tua oppure no, richiama alla mente la frase "Non importa cosa succederà, io starò bene".

2. MI IMPORTA PIU' DEL MIO CARATTERE CHE DELLA MIA REPUTAZIONE

—

Questa è una frase di John Woo che ho trasformato in una mia credenza personale ma se prendi l'idea che il tuo carattere è più importante di come le persone ti percepiscono quello che scopri è che chi tu sei conta di più di quello che le persone pensano che tu sia.

Ci sono tantissime persone che vengono ai miei corsi di formazione che passano la vita a gestire le opinioni degli altri...

"Penseranno questo se faccio quello"

"Cosa succederà se faccio questo?"

"Anche se dico la verità, non mi crederanno comunque"

E cose di questo tipo.

La cosa che voglio che tu comprenda è che quando ti focalizzi a fare le cose preoccupandoti solo del tuo carattere e poi lasci le persone formarsi un'opinione su di te quello che succede è che succede è che le persone vedono che non ti impegni troppo a controllare come si sentono.

E questo sai cosa trasmette?

Trasmette sincerità!

Sì, perché fa pensare loro "Ottimo! Se non si preoccupa così tanto di come mi sento è una persona genuina!"

Lo so, è abbastanza paradossale, ma se ti focalizzi sul TUO CARATTERE e smetti di fare così tanti sforzi per controllare l'opinione che le altre persone hanno di te quello che succede è che...

Non solo senti la libertà di agire e di essere te stesso, ma le persone avranno una migliore opinione di te.

Sembra follia, ma è assolutamente vero.

3. TU HAI UN'ONESTA' E UN'INTEGRITA' IMPECCABILE

Questa è la credenza che viene meno enfatizzata di tutte e penso che sarebbe quella di cui trattare di più.

Ogni volta che menti, che sia una piccolissima bugia tipo "Sto arrivando" quando in realtà devi ancora partire da casa o una grande menzogna, anche se non vieni beccato il problema è che stai costruendo una reputazione con te stesso quando stai mentendo.

Questa identità è molto importante perché quando menti stai costruendo un'immagine di te che dice alla tua mente che tu sei uno che mente.

E anche se a volte a te non serve dare fiducia alle altre persone e nessuno scopre che stai mentendo nel profondo tu lo sai.

Ora, questa cosa distrugge completamente la tua abilità di parlare con convinzione, e questo è critico per il carisma.

L'abilità di guardare qualcuno negli occhi e di parlare in un modo che dice loro "Credo al 100% nelle parole che escono dalla mia bocca" è importantissima.

Quando menti danneggi ogni volta la tua abilità di parlare con convinzione perché nel retro della tua mente (non importa cosa tu stia dicendo) tu sai che a volte menti.

E questo può apparire in piccoli gesti, in un sussulto, nel contatto visivo, nel modo in cui usi la voce. Non importa, la tua menzogna tende ad emergere.

Quindi, la mia raccomandazione se sei uno che si identifica con uno che a volte mente è di finirla con questa storia, ora.

E la verità è che ci sarà un prezzo da pagare.

Se hai costruito una vita che si regge su una manciata di menzogne convenienti che al tempo della loro formulazione sembravano valere, ritornarci su ed esporre la verità può far male.

Il mio consiglio, quando mi fanno domande su questo, dal 90 al 99% delle volte, è di esporla comunque.

Ci sono situazioni ai margini dove non ne vale la pena.

Se per esempio uno è su letto di morte non dovresti dirgli, se lui crede in Dio, che tu non credi in Dio, ma nel 90/99% delle volte in cui non sei sicuro se dire la verità o no la risposta, anche se potrebbe danneggiare la situazione, è "dì la verità"!

Perché se non dici la verità stai distruggendo la tua autostima, stai distruggendo la tua abilità di parlare con convinzione e di formare relazioni genuine nella tua vita.

Dunque, questa è una credenza di ENORME importanza, e richiede azione.

4. NON HAI BISOGNO DI CONVINCERE NESSUNO

So che se mi hai seguito fino ad ora questa cosa ti può sembrare un po' strana, dopo tutto abbiamo parlato di persuasione e di come essere più impattanti sugli altri, ma l'obiettivo di quello che ti insegno è quello di migliorare il modo in cui chiedi le cose agli altri, non quello di essere bisognoso!

E' giusto essere più persuasivi e convincenti ma quando si arriva a stressare le persone con le proprie richieste non va bene!

Quello che succede nel momento in cui diventi bisognoso è che il tuo carisma viene distrutto.

La persona carismatica semplicemente chiede e poi decide...

Se la risposta è sì, perfetto!

Se la risposta è no devi farti la seguente domanda...

"Posso gestire il no di questa persona oppure devo tagliare questa relazione?"

Questo può essere davvero difficile ma se qualcuno non ti tratta come vorresti essere trattato la risposta non è corrergli dietro in una sorta di battaglia ripetitiva tentando fi forzare quelle persone a fare quello che non vogliono.

La risposta è o accettare che la relazione tra te e quelle persone rimarrà com'è, oppure eliminarla dalla tua vita.

So che questo può essere complicato ma una volta che inizi a filtrare queste relazioni marginali la tua vita si alleggerirà di molto.

Forse quegli amici marginali che non ti trattano nella maniera in cui vuoi essere trattato o guardano alle tue nuove passioni con sguardo scoraggiante non ti servono poi così tanto.

Quando inizi a far spazio per le persone che ti fanno stare bene, bene, è in QUEL MOMENTO che la tua vita farà uno shift spaventoso e il tuo carisma esploderà.

Non tentare di convincere le persone a tutti i costi è una credenza che ti devi instillare nella mente quanto prima perché è veramente troppo importante.

5. TU E IL TUO CARISMA DOVETE INIZIARE A COMUNICARE IL TUO SCOPO PIU' PROATTIVAMENTE

Molte persone sprecano un sacco di tempo della loro vita a fare delle chiacchierate spicciole e a non avere degli obiettivi.

Le persone carismatiche hanno un fine che le infiamma e anche se non ti assillano lo sai cosa fanno durante una conversazione?

Sono entusiaste dei loro scopi e te lo dicono!

Quando sei tra la gente o un gruppo di amici e ha in obiettivo ben specifico in testa se lo comunichi con i tuoi discorsi e con il tuo entusiasmo la gente non potrà far altro che gravitare intorno a te.

6. DEVI INIZIARE PER PRIMO

Sii il primo ad elogiare gli altri se gli altri non sono a proprio agio nel farlo.

Sii la prima persona in un gruppo di estranei a fare una battuta.

Sii il primo in un gruppo a parlare e a comunicare una tua vulnerabilità.

Quando sei la persona che sta guidando il gruppo verso aree in cui si può creare connessione, questo dimostra alle altre persone che hai leadership.

Sì, perché essere il primo a creare connessione indica coraggio perché stai facendo qualcosa che gli altri non farebbero perché sarebbero nervosi nel farlo.

E quando fai questo genere di cose diventi automaticamente la persona intorno alla quale TUTTI vogliono stare.

E sono sicuro che quello che hai scoperto nella tua vita quando sei stato a contatto con un gruppo di persone troppo seriose è che se uno spara una battuta, poi sicuramente un altro membro ne spara un'altra e così via cambiando l'atmosfera che si era creata.

La stessa cosa succede con la vulnerabilità.

Qualcuno si apre e condivide una storia della sua vita. Così facendo vi conoscete meglio e vi connettete ad un livello che prima non era disponibile.

Le persone si ricordano di chi è stato il primo a fare qualcosa in un gruppo e questo rende quella persona più amabile agli occhi degli altri membri perché ha avuto il coraggio di prendersi il rischio sociale.

Sii la persona che si prende il rischio e ricorda, non importa cosa succederà, andrà tutto bene.

EMPATIA: COME TRASMETTERE CARISMA E CONQUISTARE ANCHE LE PERSONE PIU' DIFFICILI

Presta ora molta attenzione a quello che ti sto per dire perché questo è uno dei capitoli più incredibili di questa guida.

Ti sei mai chiesto come fare ad affascinare anche le persone che ti sembrano VERAMENTE difficili?

Beh, in questo capitolo troverai la risposta a questa domanda e credimi che ne rimarrai sbalordito!

Hai mai notato che con alcune persone è facilissimo andare d'accordo mentre ce ne sono altre che, al contrario, rendono difficile instaurarci ogni qual tipo di relazione?

In questi casi è facile dire "Con quella persona è inutile andare d'accordo, le ho provate tutte"...

Sembra IMPOSSIBILE avvicinare quella persona.

E se da un lato quella persona sembra impossibile come mai quella persona con va d'accordo con qualcun'altro?

La risposta è che quella persona va d'accordo con quel qualcun altro perché ha trovato la chiave per generare **empatia.**

Ho già nominato più volte questo termine, l'"empatia", che è un elemento essenziale per creare il tuo carisma.

Il termine "empatia" vuol dire "mettersi nei panni dell'altro" e avere una comunicazione empatica vuol dire creare una relazione di fiducia con chi ci sta davanti.

L'"empatia" non deve essere confusa con la "simpatia" che è quell'elemento della comunicazione che scatta quando una persona ti fa divertire…

Ma a una persona che ti fa divertire non concederesti mai le chiavi di casa perché non per forza ha instaurato con te un rapporto di fiducia!

Io per esempio ho tanti amici simpatici, con cui sto bene, ma non per questo gli darei le mie chiavi di casa perché non necessariamente mi fido di loro.

E' solo nel momento in cui riesco a creare un rapporto empatico con un'altra persona che riesco ad ottenere quello che voglio.

Esempio.

Parliamo di venditori.

Ci sono alcuni venditori che tendono a fare i simpaticoni gonfiando i loro discorsi con tante battute ma nonostante siano simpatici comunque non si meritano la tua fiducia perché inconsciamente non ti hanno trasmesso empatia.

Poi invece trovi un venditore meno simpatico ma che in qualche modo ha la capacità di capirti, di sapere di cosa tu hai bisogno...

E' chiaro che nel 100% dei casi sarai portato a comprare da questa seconda tipologia di venditore che dalla prima.

Questo esempio può essere esteso in tutti gli altri ambiti della tua vita come le relazioni sociali.

Esempio.

Quando incontri una persona la prima volta in una compagnia può sicuramente farti divertire un sacco con le sue parole ma magari non ti trasmette la stessa fiducia di un ragazzo meno simpatico che però sa toccarti le giuste corde.

Ma quali sono le giuste corde?

In questo capitolo te le spiegherò in modo tale che FIN DA SUBITO potrai innalzare il tuo carisma alle stelle e farti amico anche le persone più difficili.

DISCLAMER: Sebbene ti svelerò delle cose estremamente utili per la tua crescita personale ricordati che <u>non esiste una formula che può essere applicata a tutte le persone</u>. Ogni persona ha la sua unica visione della realtà e un bravo comunicatore è colui che riesce a capire chi ha di fronte e propone ciò che è meglio per quella persona in base alla sua mappa del mondo.

Al contrario un cattivo comunicatore è una persona che va avanti per la propria strada mettendosi dei paraocchi e pretendendo che gli altri si adeguino a lui senza capirne il motivo.

Ora che voglio che rifletti su questa metafora...

I dinosauri si sono estinti perché non si sono saputi adattare, proprio per questo chi riesce ad adattarsi agli altri e alle situazioni della vita (senza piegarsi) avrà sempre un vantaggio competitivo sugli altri.

CAPIRE LA MAPPA DEL MONDO DEGLI ALTRI

Per entrare in connessione con le persone è essenziale capire la sua mappa del mondo.

La mappa del mondo degli altri è fondamentalmente costituita da 2 elementi:

1. Valori
2. Convinzioni

I valori sono il carburante motivazionale delle persone ovvero quegli elementi come Onestà, Famiglia, Amicizia, Libertà, Giustizia, ecc. che costituiscono delle guide alle nostre azioni.

Esempio.

Due persone che hanno valori diversi avranno due comportamenti diversi.

Una persona che avrà al primo posto nella sua vita il valore di Famiglia tenderà a scegliere sempre quest'ultima nella scala delle scelte (lavorative, personali, sociali, ecc.).

Una persona che al primo posto ha il valore della Libertà (intesa come libertà a 360 gradi) nelle scelte di tutti i giorni non penserà assolutamente alla famiglia o ad altri valori.

Attenzione.

Questo non vuol dire che uno ha ragione e l'altro ha torto, hanno semplicemente valori diversi.

E fin quando ci sono valori diversi di problemi non ce ne sono.

I problemi nella comunicazione sorgono quando i valori sono CONFLITTUALI, ovvero che contrastano l'uno con l'altro.

In questo caso una persona non accetta i valori dell'altro e questo è l'inizio di ogni discussione e l'origine di ogni problema in qualsiasi tipo di relazione.

Ora tu mi dirai "Sì ma io voglio imparare a conquistare gli altri"…

Certo, ma se non comprendi questo passaggio non può valere nemmeno tutto quello che ti dirò tra poco, quindi è molto importante che ci presti particolare attenzione ai valori.

Devi prima di tutto comprendere i valori degli altri e poi attuare le prossime mosse.

Le convinzioni, anche dette "credenze", sottostanno ai valori.

Quando infatti si dice "Credo che la Libertà sia importante" o "Credo che l'Amicizia sia fondamentale" la persona che ci sta davanti ci sta comunicando sia una credenza che un calore.

"Crede" infatti che la libertà sia importante ma allo stesso tempo ci comunica che crede nella "libertà" come valore.

Ora, sto semplificando molto la questione ma tieni conto che più o meno funziona così.

Ora, come faccio a capire valori e convinzioni di una persona, e perché sono così importanti?

Per fare questo ti dico di pensare all'innamoramento…

Pensa a quando due ragazzi sono innamorati a come sono avvolti in questa nube dove ci sono solo loro e non capiscono più niente.

Ecco, quel breve periodo di tempo in cui due persone sono estremamente innamorate si chiama **effetto luna di miele.**

In quel momento lì accade una cosa straordinaria…

L'inconscio dell'uno si adatta moltissimo ai valori e alle convinzioni dell'altro.

E' proprio per questo che, se lui odia ballare latino americano e lei ha sempre praticato questo genere di disciplina, se lei gli chiede di venire a fare una prova nel momento in cui avviene l'effetto luna di miele lui potrebbe benissimo accettare e ADDIRITTURA iscriversi al corso!

Ed è per questo che quando questo effetto svanisce succedono i guai.

Succede infatti molto spesso che dopo un po' di tempo che una coppia sta insieme i due inconsci smettano di condividere gli stessi valori e credenze e che quindi scoppino litigi che possono portare alla separazione nella coppia.

La frase "Oddio, come sei cambiato/a!" è una chiara conseguenza della fine dell'effetto luna di miele.

Non ti devi sorprendere infatti se il tuo partner dopo anni di relazione ti sembra cambiato perché…

Semplicemente non è cambiato!

Lui/lei è sempre stato lo stesso, sei tu che lo vedevi con occhi diversi!

Perché ti ha fatto questo esempio?

Perché se si prende spunto da quello che succede in una coppia si può replicare l'effetto luna di miele con chiunque in modo del tutto artificiale facendo matchare il tuo inconscio con quello della persona che ti sta davanti.

Ti spiego meglio.

Nel momento in cui io conosco qualcuno e questa persona comincia ad aprirsi nei miei confronti inizierà a far trapelare delle mezze frasi come per esempio "Beh, per me la famiglia è molto importante", "Per me il successo e la carriera sono tutto", ecc.

A quel punto come ascoltatore, dopo aver preso atto che mi ha confidato un suo valore, avrò diverse opzioni:

1. **Condividere la sua opinione**: es. "Certo, hai ragione, i soldi sono tutto". In questo modo andrò a creare un match tra me e quella persona.
2. **Rispondere in maniera neutra:** es. "Beh ognuno nella vita ha le sue opinioni. In questo modo continuo a mantenere empatia con quella persona evitando di andarci in conflitto
3. **Non condividere la sua opinione**: es. "Non sono d'accordo". In questo caso andrò in conflitto con quella persona e interromperò il match.

Capirai da questi esempi che condividere l'opinione altrui o evitare di giudicare sono sicuramente i modi migliori per creare un collegamento tra te e il tuo interlocutore.

Certo, non è che tutti si innamoreranno di me se io inizio a condividere valori ed emozioni altrui ma sicuramente questo è uno dei modi migliori per far sentire le persone apprezzate e capite.

Attenzione.

Questo non vuol dire che devi condividere tutto quello che ti dicono le persone.

Ti faccio un esempio.

Una volta ero in aereo e mi stavo leggendo un libro quando ad un certo punto mi si siede vicino un uomo che inizia a parlarmi di varie cose.

Dopo qualche minuto di conversazione vengo a sapere che quel signore è un medico e una volta che si apre mi dice che per lui i soldi sono tutto e se da lui va una persona in fin di vita senza soldi lui nemmeno la opera.

In quel momento si è creato un mismatching tra i miei valori e credenze e i suoi valori e credenze troppo grande per condividere quello che diceva.

A questo punto avevo due possibilità: o dargli addosso oppure trovare una scusa e andarmene.

La mia strategia è stata quella di alzarmi per andare in bagno e non tornare più vicino a lui.

Stai in guardia da chi ti dice che dovresti creare empatia con tutti, non sa quello che dice!

Certo creare una rete di relazioni empatiche è molto utile nella vita perché se devo chiedere un favore ad un amico o ad una persona che conosco da poco (con cui ho creato empatia) quella persona sarà più predisposta ad aiutarmi.

LA TECNICA N.1 PER FAR APRIRE LA GENTE

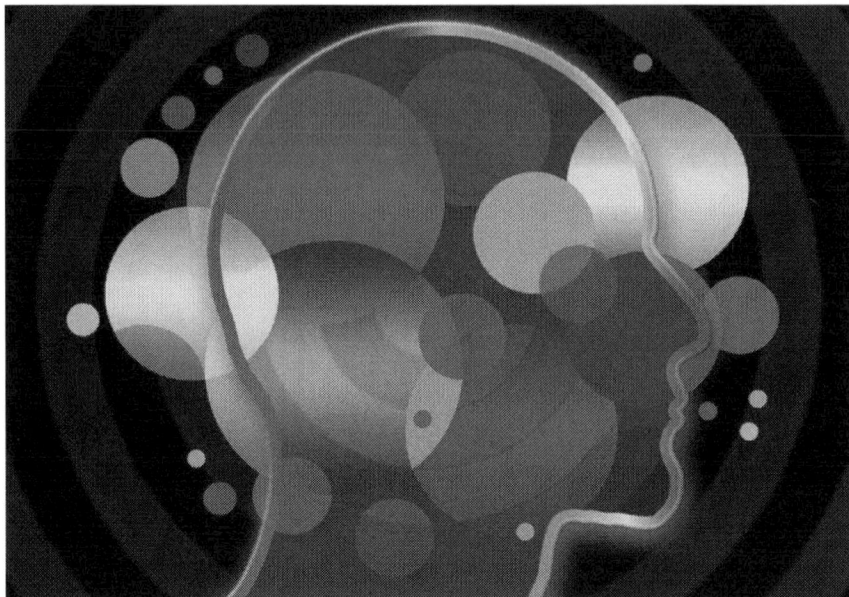

Prima ti ho detto che "una volta che le persone si aprono" ti comunicano i loro valori e convinzioni.

"Sì ok, ma come faccio a farle aprire?" potresti pensare.

Esiste una tecnica chiamata **mirroring** che si basa su quello che accade sempre naturalmente tra due persone che vanno d'accordo.

Se tu guardi due innamorati che stanno al bar (ma anche due amici) che stanno parlando di qualcosa che ad entrambi interessa molto, noterai una cosa interessante...

Se uno è appoggiato col gomito da una parte, l'altro è appoggiato sull'altro gomito in maniera speculare...

E se uno si sposta indietro e si mette a braccia conserte anche l'altro molto probabilmente farà lo stesso!

Insomma, è come se andasse in scena una specie di balletto non verbale tra queste due persone.

Questo accade perché l'inconscio, quando è interessato a qualcuno sa che deve mandare il messaggio "Io sono simile a te" e lo fa tramite il rapport su valori e credenze (come abbiamo spiegato prima) oppure tramite il linguaggio del corpo.

Prendendo in considerazione il linguaggio del corpo l'inconscio ci fa assumere la posizione dell'altra persona in modo tale che nel cervello dell'altro alcuni segnali vengano captati dai neuroni specchio che lo porteranno a sua volta ad imitarci.

Questo fenomeno accade in maniera totalmente naturale, senza che nessuno abbia mai fatto un corso o scoperto tecniche particolari.

Non ci credi?

Prova a farci caso quando vai in un locale. Guarda le persone e le loro posizioni, ti sorprenderai di come le persone con un buon rapporto empatico facciano mirroring naturalmente.

Domanda…

Che cosa accade se incontro qualcuno per la prima volta (colloquio di lavoro, primo appuntamento, ecc.) e ne rispecchio il linguaggio del corpo?

Entro in empatia AUTOMATICAMENTE.

Ecco gli step per fare un buon mirroring:

1. Presentati all'interlocutore

2. Inizia a parlare con lui

3. Imita le sue posizioni: se per esempio è seduto con la gamba accavallata rispecchialo, se si sposta spostati anche tu. Ricorda di aspettare sempre qualche secondo prima di rispecchiare il body language dell'altro

4. Fai una verifica: dopo alcuni minuti che hai imitato il suo linguaggio del corpo prova a cambiare TU posizione. Se chi ti sta davanti ti rispecchia e cambia anche lui posizione HAI FATTO BINGO

So che cosa stai pensando…

"Ma che rottura di scatole! Ogni volta che vedo qualcuno devo mettermi lì a imitare il suo linguaggio del corpo?"

In realtà il cervello è una macchina molto più perfetta di quanto pensi e lo sai perché?

Perché quando ripeti un'azione abbastanza volte il tuo cervello le assimila e le fa diventare azioni banali e di routine.

Imponiti di fare questo esercizio 5 minuti al giorno per 21 giorni e vedrai che il mirroring diventerà parte di te e inizierai a farlo anche quando non te ne accorgi.

Fai mirroring con chi vuoi, amici o nemici. E' come l'automobile, all'inizio poni attenzione conscia ai movimenti che fai, poi dopo una settimana che guidi non ci pensi più.

Ricorda che il mirroring NON E' MAI A SENSO UNICO.

Con questo cosa intendo dire?

Intendo dire che nel momento in cui tu rispecchi una persona non solo lei entra in empatia con te ma anche tu entri in empatia con lei e riesci a capire meglio chi ti sta di fronte e a proporle ciò che è meglio per lei.

RUOLI UP E DOWN

Per natura nei gruppi sociali e nella vita in generale le persone assumono dei ruoli che possono essere Up, ovvero di comando, e Down, ovvero di sottomissione (intesa come "ruolo subalterno").

TI faccio un paio di esempi...

Il ruolo up è quello della persona che dice "Dai ragazzi, stasera andiamo al cinema!", è il ruolo insomma del decisore.

Il ruolo down è quello della persona che nel gruppo dice "Ma sì ragazzi andate dove volete, io mi adatto".

Perché ti dico questo?

Perché le relazioni per funzionare devono SEMPRE essere complementari.

Questo vuol dire che se due persone si incontrano ed assumono entrambe un ruolo up potrebbe nascere un vero e proprio casino perché ci si ritroverebbe di fronte a dei continui tentativi di prevaricazione.

Perché se io assumo un ruolo up dicendo "Dai ragazzi stasera andiamo a mangiare cinese" e anche tu assumi lo stesso ruolo dicendo "NO, stasera andiamo in pizzeria, non me ne frega niente guarda, la scorsa volta avete deciso voi, stasera decido io!", inevitabilmente finiremo per litigare.

E chi vincerà?

Vincerà quello che urla di più.

E ovviamente questa non è comunicazione efficace né manifestazione di carisma.

E se in questo momento tu che leggi questo libro ti senti una persona da ruolo up e pensi che l'opinione degli altri non conti stai bene attento!

Sì perché anche se pensi che gli altri si arrendano alle tue proposte perché urli di più di tutti la persona che ti sta davanti si sentirà umiliata e te la giurerà.

E il giorno in cui dovrai chiedere qualcosa a questa persona o dipendi da lei in qualche modo... Sei finito perché non ti verrà incontro!

Ora capisci quanto è importante sviluppare un carisma positivo?

Facendo il consulente aziendale mi capita spesso di andare a contatto con alcuni amministratori delegati che fanno un po' il brutto e il cattivo tempo con i dipendenti.

Urlano loro contro, li cazziano spesso e vedono sempre il negativo negli altri.

Questo perché urlare contro alle persone è il ruolo più semplice di tutti...

Perché è molto più difficile creare ascoltare tutti e creare empatia piuttosto che urlare e accusare la gente.

Ecco, questo è il genere di persone che quando poi richiedono una collaborazione REALE da parte dei loro sottoposti non trovano mai alcun sostegno (perché ovviamente non hanno sviluppato alcuna empatia).

Quindi, come fare per creare del carisma positivo e gestire in modo impeccabile i ruoli up e down?

Semplice: <u>quando avverti che nel tuo gruppo una persona sta andando in up, tu vai in down.</u>

Ecco un esempio.

Al tizio di prima che diceva "Dai ragazzi, stasera andiamo al ristorante cinese!" dovresti rispondere con una frase down del tipo: "Mmm sì buono il cinese! Hai avuto proprio una bella idea! Ma, ascolta, perché non ci andiamo domani al cinese? Stasera avevo voglia di pizza"

Questa reazione ti garantisco che spiazza in modo TOTALE chi vuole andare in up perché manderai in corto circuito i suoi sistemi percettivi.

Da una parte infatti gli darai ragione, dall'altra devierai la sua decisione su quello che vuoi fare tu.

Questo è carisma!

Ovviamente questa tecnica non funzionerà con tutti. Ci sarà sempre un 10% di persone molto rigide che si incaponiranno e vorranno fare a tutti i costi quello che vogliono loro.

Ma stiamo parlando del 10% delle persone, non del restante 90%, perché che tu ci creda o no questa tecnica funzionerà con la maggior parte delle persone...

E' DEVASTANTE!

Ora tu mi potresti chiedere "Ma quindi devo interpretare sempre un ruolo down?"

Assolutamente no!

Perché se tu incontri un down e anche tu vai in down vi annoierete a morte!

Immagina questa situazione in cui tu e il tuo interlocutore nel gruppo interpretate entrambi due ruoli down...

"Hey ragazzi, che facciamo stasera?"

"Dai decidi tu!"

"No dai, decidi tu!"

"No dai, decidi tu!"

Ecco, in questo caso non si creerà nemmeno un briciolo di empatia.

Per creare una scintilla tra le persone i ruoli devono sempre essere opposti!

METAPROGRAMMI

In questo capitolo ti voglio parlare di un argomento molto importante per innalzare il tuo carisma: i **metaprogrammi**.

I metaprogrammi sono schemi di comportamento inconsci che tutti noi attuiamo nella vita di tutti i giorni nella nostra vita quotidiana.

Un esempio di metaprogramma è quando ad un semaforo scatta il verde e tu parti, quando qualcuno ti allunga la mano e tu fai lo stesso per stringergliela oppure quando entri in macchina e ti metti la cintura.

Di questi schemi di comportamento automatici ci interessa comunque poco, quello che ci interessa sono le azioni inconsce legate alle relazioni e nella comunicazione con gli altri.

Perché se si riesce a capire o anticipare i comportamenti del nostro interlocutore riusciremo a sviluppare più velocemente empatia e a far trasparire il nostro carisma.

PREMESSA: I metaprogrammi non devono essere un modo di incasellare le persone ma devono essere considerati come una tendenza. Infatti solitamente i metaprogrammi vengono descritti come attributi polari, o A o B, ma in realtà nel loro mezzo c'è una scala graduata di comportamenti che non può essere incasellata con sicurezza.

PREMESSA 2: Non esiste un metaprogramma migliore dell'altro e le persone non sono il loro comportamento. Non si possono etichettare le persone per uno solo dei loro comportamenti.

PREMESSA 3: I metaprogrammi variano in base ai contesti. Esempio, nella mia vita privata posso essere in un modo e nella vita professionale posso essere in un altro.

Queste premesse sono importanti perché quando si studiano i metaprogrammi solitamente si fa un gran casino e si tende a dogmatizzare quello che si legge quando in realtà i comportamenti inconsci sono molto meno schematici di quello che si pensa.

PROCESSO E OBIETTIVO

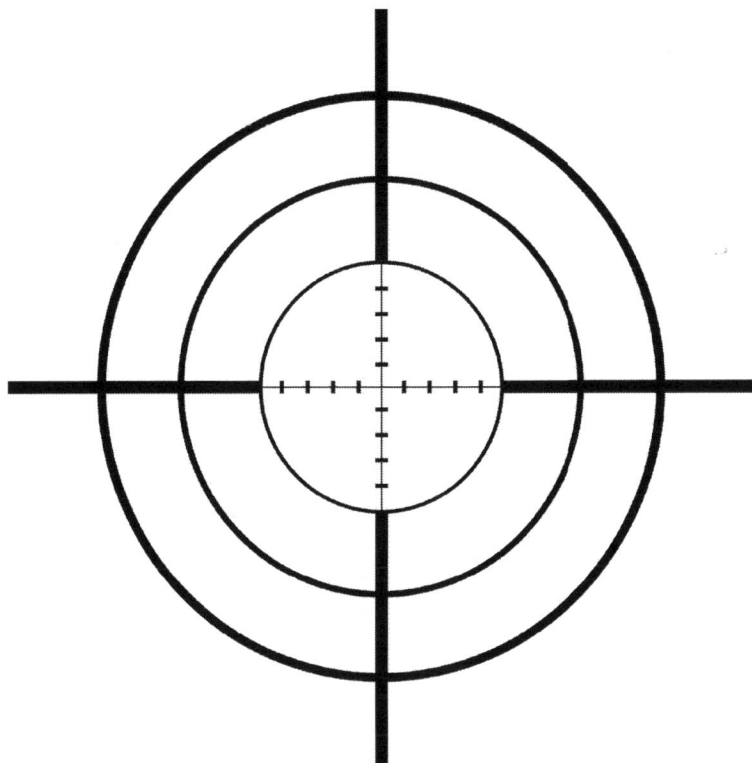

Immaginati due fidanzati che non hanno mai fatto una vacanza insieme che vanno per la prima volta in campeggio in montagna.

Arrivano al campeggio, piantano la tenda, trascorrono tutta la giornata insieme e vanno a dormire.

Il mattino dopo lui si sveglia, esce dalla tenda e dice "Bene, andiamo sulla vetta della montagna, partiamo!"

Lei lo guarda esterrefatta e gli dice "No ma aspetta, prima dobbiamo fare scorte di acqua e cibo, programmare il percorso, fare tante cose…"

Ecco, l'approccio di lui e di lei sono estremamente diversi…

Il primo approccio si riferisce al **metaprogramma ad obiettivo** nel quale l'individuo salta alcuni processi mentali per arrivare al risultato (la vetta della montagna) senza porsi troppi problemi sul COME realizzare quello che vuole ottenere.

Il secondo approccio è il cosiddetto **metaprogramma a processo** nel quale l'individuo si focalizza sul processo che deve portare all'obiettivo e non sull'obiettivo stesso.

Quando c'è una complementarietà nei due tipi di metaprogrammi (i due individui non ragionano in modo troppo estremizzato) si può anche andare d'accordo e il problema non sussiste.

Il problema nasce quando i due tipi di comportamenti inconsci diventano troppo polarizzati ed estremizzati.

Ecco, in quel caso i due ragazzi si metteranno a litigare senza possibilità di conciliare i propri pensieri.

Una grande differenza tra i due approcci la si può riscontrare quando si chiede la via per arrivare in un punto di una città.

Alla domanda "Mi scusi, mi può indicare via Roma?"

Un individuo Di Processo risponderebbe "Ok, vai avanti 300 metri, poi giri a destra, poi passi sotto un ponte, a quel punto svolti a sinistra alla caserma dei pompieri, ecc."

In questo caso la persona che ti sta davanti NON VEDE via Roma ma sta ricostruendo il percorso insieme a te dandoti un sacco di dettagli e focalizzandosi sul processo per arrivarci.

Un individuo di Obiettivo invece ti direbbe "Vai avanti e poi chiedi".

Questo perché lui VEDE già via Roma e per lui è scontato che tu ci arrivi anche ad intuito.

Quindi, come comportarsi con questi due differenti tipi di metaprogrammi?

Se quando una persona si apre e mi parla capisco che ragiona in base ad un metaprogramma di processo la cosa peggiore che potrei fare è non darle dettagli su cosa deve fare o dirle di tagliare corto se mi sta spiegando qualcosa in modo molto articolato.

Se sei un dirigente e vai da un impiegato Di Processo dicendogli "Ok, devi fare questa cosa, falla!", sicuramente manderai in completa confusione quella persona a cui serviranno maggiori dettagli sul processo per raggiungere l'obiettivo.

Per questo poi non ti dovrai lamentare se quell'impiegato non ti farà il lavoro come lo vuoi tu!

Andare invece al sodo con un impiegato Di Obiettivo è sicuramente una cosa molto più saggia che stare a dilungarti troppo sui dettagli dell'operazione.

Per riassumere...

<u>Per essere percepito come una persona carismatica ed entrare in empatia con chi ti sta davanti dovrai individuare dalle sue parole se ragiona con metaprogrammi d'obiettivo o di processo e in base a quello adattarti a lui dandogli più dettagli sulle cose di cui state parlando oppure andando direttamente al sodo.</u>

Questa cosa sembra banale ma ti garantisco che non lo è!

Infatti questo ti fa capire come mai esistono delle persone con le quali parli e nonostante i tuoi sforzi non riescano realmente a capire cosa stai dicendo e, viceversa, esistono persone a cui bastano poche parole per farti capire cosa stanno dicendo.

La grande differenza sta nell'allinearsi o meno al metaprogramma di chi ci sta di fronte!

FILTRO DI RELAZIONE: ACCORDO O DISACCORDO

Presta molta attenzione alla spiegazione di questo metaprogramma perché ti cambierà letteralmente la vita.

Ti ricordo che dobbiamo sempre tenere in considerazione la famosa scala graduata di cui ti ho parlato più sopra.

Da una parte troviamo l'Accordo, dall'altra il Disaccordo.

Il **metaprogramma d'Accordo** si riferisce a quegli individui che dicono sempre di sì a tutto.

Qui la prima cosa che ti verrebbe da pensare è "Che belle persone quelle che dicono sempre di sì!"...

In realtà non è proprio così...

Sì perché le persone che dicono di essere sempre d'accordo con te non è detto che lo siano poi veramente.

La loro potrebbe essere una strategia per adattarsi a quello che tu pensi per poi portarti dalla loro parte.

Dall'altra parte abbiamo il **metaprogramma di Disaccordo** che è il modello comunicativo degli individui che tendono sempre a manifestare dissenso verso le opinioni altrui.

Il dissenso può essere di due tipi:

1. Quello del **bastian contrario**, ovvero colui che è sempre in disaccordo con te qualsiasi cosa accada.

2. Quello del **Pelo nell'uovo**, ovvero quel tipo di persona che, senza andarti contro per partito preso, tende sempre ad evidenziare cosa c'è che non va e che potrebbe andare meglio.

Ovviamente tra i due modelli quello più frustrante è quello del bastian contrario perché ti dice no come automatismo mentre il pelo nell'uovo almeno ti da qualche argomento sul quale puoi lavorare.

Ora la domanda sorge legittima...

Come gestire questi due modelli?

Bene, partiamo dal bastian contrario.

Quando ti trovi davanti ad un individuo che ragiona come un bastian contrario devi tener conto che il fatto di dirti sempre "NO" è semplicemente un automatismo.

Questo tipo di persone si definiscono anche "polari" perché per principio si devono porre al lato opposto di quello che dici.

Per gestire al meglio le interazioni con i bastian contrari dovrai prima fare una sorta di "ping pong" tra quello che vuoi ottenere e quello che loro ti dicono, poi dovrai...

DARGLI RAGIONE!

Sì, perché dando ragione ad un bastian contrario lo costringerai ad attuare il comportamento opposto al tuo "dargli ragione" facendo proprio quello che vuoi tu.

Esempio.

Mi ricordo che un giorno dovevo andare a bere un drink con una mia amica ad un bar.

Il bar era molto carino, moderno e in centro a Milano ma ovviamente per arrivarci bisognava lottare nel traffico e sperare di trovare un posteggio che fosse vicino.

Dopo mezz'ora di giri infiniti intorno al quartiere trovo finalmente posto e parcheggio.

Incontro la mia amica in duomo e, mentre faccio per avviarmi verso il locale le dico "Dai entriamo".

E lei mi risponde "No, voglio andare in quest'altro bar".

"Quest'altro bar" era posto dall'altra parte di Milano, il che voleva dire che avrei dovuto tirare fuori ancora la macchina e sorbirmi il traffico cittadino.

Al che le ripeto "Ma dai, andiamo in questo bar, ci sei già stata, lo so che ti piace, entriamo".

E lei, senza una spiegazione mi dice "No, voglio andare nell'altro".

In sostanza, siamo rimasti un 5/6 minuti a dibattere su questa cosa mettendo in scena una sorta di "ping pong" tra le nostre ragioni.

Alla fine, stremato, le dico "Va bene, facciamo come vuoi tu".

E a quel punto lei mi fa "No dai, andiamo nel tuo bar".

Questo è un chiarissimo esempio di come un bastian contrario tenderà sempre a darti torto ANCHE quando tu gli darai ragione.

Lo so che ora avrai la tendenza a dire "Eh sì, com'è possibile che funzioni sempre così?"

Beh, pensaci bene e rifletti su quante volte sei caduto in questo tranello della mente oppure ti sei dovuto confrontare con persone di questo genere nella tua vita.

Il bastian contrario è sicuramente molto frustrante da affrontare se non sai come gestirlo, ma nel momento in cui impari come si fa è semplicissimo.

Ping pong e dagli ragione!

L'ERRORE che non va fatto è quello di dargli ragione fin da subito perché se gli darai ragione fin da subito lui sarà contento e farà quello che vuole lui.

Devi fare ping pong per attivare l'automatismo di darti ragione e fidati che quando lo farai il 90% dei bastian contrari farà quello che vuoi tu.

Come gestire invece un modello Pelo nell'uovo?

<u>Con un tipo di persona del genere (anche detto Differenza) puoi andarci d'accordo solo andando in accordo sul disaccordo.</u>

Ti faccio un esempio.

Stai parlando di telefoni con un tuo amico e tu dici "Beh, l'Iphone è proprio bello" ma lui risponde "Sì ma in realtà ha l'Iphone ha un po' di criticità tipo x y z".

A quel punto tu dovresti rispondere "Sì, hai ragione, sul punto x ha delle criticità ma poi ha tanti altri pregi".

Così lo riesci a gestire alla grande perché rimane spiazzato.

Come sempre ti adatti a lui per poi portarlo dove vuoi.

Perché se tu fai l'opposto si aprirà una voragine di disaccordo che non si colmerà mai.

"VIA DA" E "ANDARE VERSO"

Se dovessimo estendere le espressioni "Via da" e "Andare verso" bisognerebbe scrivere "Via dalle sofferenze" e "Andare verso le opportunità".

Ti spiego meglio questo metaprogramma...

Praticamente esistono persone che si motivano in negativo. Un esempio lampante di ciò sono quelle persone che prima di cambiare il telefono aspettano fino all'ultimo che non funzioni più.

Questo modo di ragionare si chiama "Via dalla sofferenza" perché la motivazione al cambiamento salta fuori nel momento in cui il negativo è già entrato nella loro vita.

Gli "Andare verso" invece sono quelle persone che vanno verso le nuove possibilità, quindi, tornando all'esempio di prima, c'è chi ha un cellulare da sei mesi perfettamente funzionante ma quando esce il nuovo modello si fiondano in negozio a comprarlo (anche quando non se lo possono permettere).

Capire le motivazioni che spingono le persone a compiere determinate azioni è FONDAMENTALE perché se io volessi motivare un "Via da" ad andare a una festa l'unico modo che ho per farlo è quello di **AMPLIFICARE IL NEGATIVO.**

Se alla mia richiesta di uscire per andare ad una festa lui mi dice "No, non ho voglia", in quel caso dovrei rispondergli "Dai vieni che se resti a casa ti deprimi, non c'è niente in televisione, rimani solo come un cane, ecc."

E poi aggiungi "Dai, vieni con noi che ti diverti! Stasera c'è la musica e si balla!"

Ecco cosa è successo:

1. Ho amplificato il negativo
2. L'ho guidato verso il positivo

Ricorda di non invertire mai questi due punti perché nel caso amplificassi il positivo come prima cosa non succederebbe niente di fronte a un "Via da".

Al contrario, se il mio interlocutore è un "Andare verso" dovrò andare ad amplificare proprio i risvolti positivi della serata per spingerlo a venire con me.

CONCLUSIONE

Bene siamo arrivati alla fine.

Se mi hai seguito fino a questo momento ti sarai reso conto come aumentare il nostro impatto e la nostra influenza sugli altri sia una cosa importantissima.

Aumentare il nostro carisma è di vitale importanza negli affari e nel business e inoltre ci da un vantaggio competitivo enorme in ogni campo della nostra vita.

Il nostro Quoziente Carisma è direttamente collegato al nostro successo e numerose sono le applicazioni nell'ambito lavorativo.

Pensa al manager che vuole ispirare i propri collaboratori a dare il meglio di loro stessi, al venditore che vuole chiudere più contratti o al mondo delle negoziazioni sia professionali che private...

Insomma, uno degli aspetti più importanti per il successo nella vita è rappresentato dalla fiducia che abbiamo in noi stessi e da quanto ci sentiamo a nostro agio con le persone che stanno intorno a noi!

Le persone raramente ricorderanno le parole che usiamo ma senz'altro ricorderanno molto bene come le abbiamo fatte sentire e soprattutto l'impatto che abbiamo lasciato su di loro.

Immagina come sarebbe il tuo mondo se parlassi sempre con carisma e lasciassi il segno con tutte le persone che incontri per la tua strada!

Magari il tuo carisma avrà un effetto positivo sul tuo datore di lavoro oppure sul tuo partner, chi lo sa?

Quello che è certo è che applicando quotidianamente quello che hai imparato in queste pagine potrai finalmente dare una svolta alla tua vita in termini di successo personale e lavorativo!

Ricorda che questa non è un'enciclopedia di tutto quello che puoi imparare sulla leadership e sul carisma, sicuramente avrai acquisito delle conoscenze che ti saranno utilissime e voglio che tu le utilizzi per il tuo successo ma sentiti pure libero di approfondire gli argomenti trattati come meglio credi.

Detto questo ti mando un abbraccio e ti saluto!

Alla prossima!

Printed by Amazon Italia Logistica S.r.l.
Torrazza Piemonte (TO), Italy